Tamit,
L'enfant du Nil

Diane Barbara

Tamit, l'enfant du Nil

Illustrations de Boiry

À Jérôme,
mon frère
D. B.

MILAN POCHE

CHAPITRE 1

La vie au bord du fleuve

– Dehors, dragon, je n'ai pas peur de toi. – Sors de là, que je te noie ! hurle Tamit, au bord du fleuve.

Pieds nus dans la boue, l'enfant appelle ses animaux imaginaires : le dragon cracheur, la libellule empoisonneuse, le crocodile dévoreur. Ses cris joyeux traversent tout le village. Soudain, Tamit décide que les animaux sont là. Hop ! il les attrape et, d'un geste, il les emprisonne au fond de l'eau. Ah ! comme il aime cette chasse aux animaux cruels…

Tamit a sept ans. Il vit au sud de l'Égypte, dans une province appelée la Nubie. Un endroit où il ne pleut jamais.

Tamit a la peau brune des Nubiens, des cheveux sombres, et rien n'échappe à ses yeux noirs pleins de malice. Son unique habit, un pagne toujours froissé, couvre à peine ses jambes déjà grandes et souvent crottées jusqu'aux genoux !

Tamit est un enfant du Nil, l'immense fleuve bleu, celui qui donne la vie. Mais les eaux du Nil sont mouvantes. Elles gonflent et se dégonflent comme une mer, au rythme des saisons.

En juillet, le fleuve bouillonne. Telle une bête géante, il sort de son lit, rampe et déborde sur des kilomètres. Tout le village est alors en vacances, car il n'y a plus de terre à travailler. Elle aussi se repose, nourrie par les eaux.

– C'est ma saison préférée, aime répéter Tamit. Le soleil brûle si fort qu'il devient blanc, tout blanc !

Tamit en profite pour entraîner dans le fleuve To, son petit frère aux cheveux bouclés. Les deux enfants se baignent peu car ils préfèrent pêcher à l'ombre des roseaux, avec un fil et un grain de riz. Mais gare à To s'il se montre impatient. Tamit appelle aussitôt ses animaux cruels :

– Venez, venez, j'ai ici un bon petit garçon à manger !

Et To, qui croit tout ce que dit son aîné, rejoint la rive en hurlant et en éclaboussant au passage les oies et les canards qui, à leur tour, se mettent à piailler.

En novembre, le Nil se retire de la terre. Le courant ralentit. L'eau redevient bleue comme le ciel. La terre, elle, est noire et encore molle, les paysans en profitent pour reprendre leur travail. Tamit aide alors Chédou, son père, à semer l'orge et le blé, comme on le lui a appris. De temps en temps, on l'entend soupirer :

– Je suis fatigué, c'est trop lourd pour mes pieds !

Mais devant l'œil sévère de son père, l'enfant continue d'enfoncer les graines dans la terre collante, en poussant fort avec ses talons. Heureusement, comme chaque année, Chédou lâche un troupeau de cochons pour parfaire le travail. Trop contents de ce bain de boue, les porcs piétinent la terre en tous sens, et Tamit et To se mettent à danser :

– Allez, les cochons, faites comme nous, poussez loin les graines dans la terre !

Un soir, Tamit et Osis, sa mère, ramassent tranquillement les dernières tiges de blé. Alors

qu'Osis chante à mi-voix les légendes du Nil, un homme du village franchit le fossé et traverse leur champ :

– Prévenez les vôtres, hurle-t-il, dépêchez-vous, les armées de Ramsès II, le pharaon d'Égypte, reviennent nous attaquer. Ils veulent à nouveau voler l'or de notre terre.

À ces mots, Osis lâche son panier et ordonne d'un ton ferme :

– Cours à la maison avertir ton père, Tamit ! Je te rejoins avec To.

Tamit s'élance, vif et apeuré. Ses pieds frappent le sol de toutes ses forces. Il ne comprend pas bien ce qui se passe. Il sent juste que c'est

grave, suffisamment grave pour avoir vu les lèvres de sa mère trembler. En arrivant chez lui, il se jette au cou de Chédou, en criant :

– Tu es fort, mon papa, tu es fort !

Chédou serre son fils, en silence : il connaît déjà la terrible nouvelle.

Les hommes du village se rassemblent aussitôt. Sans hésiter, et parce qu'ils n'ont pas d'autre solution, ils décident que chacun défendra sa terre. Mais pour armes, ils n'ont que leurs outils. Et les troupes de Pharaon sont nombreuses, aguerries et féroces.

Dès le lendemain, à l'aube, un bruit sourd monte du désert. Un bruit inconnu, infernal, qui ne s'arrête jamais. Et dans un gigantesque tourbillon de poussière et de cris, des centaines d'hommes armés d'épées, d'arcs et de haches envahissent le village. Des chars tirés par des chevaux en colère foncent à travers les champs moissonnés.

Comme les autres, durant tout le jour, Chédou défend son champ en faisant tournoyer sa faucille dans les airs.

Au coucher du soleil, un chef égyptien qu'il n'a pas vu venir fonce vers lui au grand galop. Avant même que Chédou ait eu le temps de se retourner, l'Égyptien lui assène un terrible coup de hache dans le dos. Chédou s'écroule, blessé à mort.

Caché dans un fourré, Tamit a vu la scène. Il a crié si fort que sa gorge est brûlante. Il reste là, dans la nuit, terrifié, les yeux fixés sur le corps de son père. Il ne peut plus parler, ni même pleurer. Sa respiration est haletante comme s'il portait cette maudite hache, là, en plein cœur.

Au petit jour, ayant repris un peu de forces, Tamit rampe prudemment vers la maison de ses parents. Mais Osis et To n'y sont plus. Les quelques objets que sa famille possédait ont été pillés. Et même le petit singe de To a été tué. Le village a l'air abandonné. Il a suffi d'une journée pour qu'il soit dévasté et que tous les paysans soient massacrés. Une odeur de sang, très amère, flotte dans l'air. Tamit regarde le fleuve : il est gris, ses eaux sont silencieuses. On entend seulement les plaintes des blessés.

La vie au bord du fleuve ne sera plus jamais comme avant.

CHAPITRE 2

L'adieu à Chédou

Plaqué contre le sol, Tamit ne peut plus bouger. Au loin, dans le soleil levant, il aperçoit Mose, le vieux scribe. Celui qui a appris à lire à tout le village. Il porte son ibis sur l'épaule. L'oiseau, immobile, penche son bec, attentif au chagrin de son maître. Tamit essaie de se relever, essaie d'appeler Mose, mais en vain. Tamit n'a pas la force de marcher, Tamit n'a plus la force de parler. Mose l'a vu. Il se dirige vers l'enfant, tout doucement pour ne pas l'effrayer. Le vieux scribe a l'air incroyablement fort avec son pas si lent. Pourtant, son visage plein de terre et ses yeux bouleversés prouvent bien que, lui aussi, hier et cette nuit, il a vu la guerre…

Mose prend Tamit dans ses bras comme on prend un trésor. Très délicatement. Alors l'enfant ferme les yeux. La lumière du soleil brûle sa peau écorchée. Il pleure en silence, cachant son visage contre la poitrine du vieux scribe qui l'emporte chez lui. Mose couche Tamit sur un drap et caresse sa tête. Quand la respiration de l'enfant devient plus calme, et malgré les larmes qui continuent de couler, il lui dit tout bas :

– Osis, ta mère, et To, ton petit frère, sont en vie. Ils ont été emmenés comme esclaves à Pi-Ramsès, la capitale du pharaon d'Égypte. À présent tu dois te reposer. Je veillerai sur toi.

Mais Tamit pleure longtemps encore, longtemps dans le silence.

Le lendemain, quand Tamit se réveille, Mose lui tend un peu de lait :

– Il n'y a plus grand monde au village, dit-il. Il faut que nous nous occupions de ton père. Je vais envoyer chercher son corps et nous le laverons.

Tamit n'est pas d'accord :

– Il va avoir mal si on le bouge !

– Voyons, Tamit, répond le vieux sage, tu sais bien qu'un mort ne sent plus rien !

Un peu plus tard, l'enfant, sur les conseils de Mose, verse tout doucement du parfum et de l'eau sur le corps de son père. Il ne parle pas. Il ne pleure pas. Mais, de temps en temps, sa petite main s'arrête sur celle de son père. Tamit frissonne : elle est si froide. Puis il respire profondément et se remet au travail. Comme il se sent seul, tout à coup, avec pour unique trésor son pagne déchiré !

Pourtant Mose est là. Mose ne le quitte pas. Quand Tamit a fini de laver son père, le vieux sage dit :

– Nous allons porter son corps à la maison des morts pour qu'il soit embaumé. Ainsi, il se conservera et il vivra éternellement.

Au bout de trente jours, Mose et Tamit vont rechercher le mort. Ils l'enveloppent d'une immense feuille de papyrus et l'emportent dans le désert. Là, Mose se met à supplier Osiris, le dieu des morts :

– Osiris, dit-il, accueille Chédou pour qu'il sème et moissonne éternellement les champs de ton royaume !

Puis il dépose de la nourriture sur le sable. Il creuse un trou et prend la main de Tamit. L'enfant tremble sur ses jambes. Il blottit tant qu'il peut ses petits doigts dans ceux de Mose. Et il bafouille d'une voix toute cassée :

– Papa, je retrouverai Maman et To.

Un long moment passe. Il n'y a pas un souffle d'air. On entend seulement l'eau du fleuve qui s'écoule lentement. Mose se lève, il prend une dernière fois le père de Tamit dans ses bras et le dépose dans le trou.

CHAPITRE 3

L'enseignement de Mose

À présent, Tamit ne veut plus sortir de chez Mose. Il reste des heures sans parler, serrant son pagne comme s'il avait froid. Le vieil homme lui raconte ses voyages, sa vie quand il était grand scribe à la cour de Pharaon. Mais Tamit reste recroquevillé contre le mur. Il refuse de sortir. Il ne veut même plus regarder le Nil.

Des semaines passent… Un soir pourtant, Mose dit à Tamit :

– Ibis et moi sommes allés saluer le fleuve, ce matin. Je suis sûr qu'il t'attend, car ses eaux sont bleues à nouveau et s'écoulent comme un chant.

À ces mots, Tamit le regarde. Et Mose lit dans son regard immense et brillant que, cette fois, c'est d'accord, Tamit veut bien sortir.

L'enfant retrouve avec plaisir l'odeur des marécages. Ses narines frémissent. Il caresse les roseaux, avance un pied dans l'eau et appelle doucement ses animaux imaginaires, ceux qu'il préfère : la libellule, le crocodile et le dragon. Au bout d'un moment, Tamit lance à Mose :

– Regarde, ils sont tous là !

Puis il se retourne et, pour la première fois, dans le soleil couchant, il sourit au vieux sage.

Soudain, Tamit s'arrête de jouer et demande :

– Mose, mon maître, où se trouve Pi-Ramsès ? Où sont emprisonnés Maman et To ?

Mose lui montre l'horizon :

– C'est là-bas, dans le delta du Nil !

Tamit baisse le nez : cette réponse est bien trop compliquée. Mose ajoute :

– Viens t'asseoir près de moi, Tamit. De Pi-Ramsès, je peux te dire mille secrets.

L'enfant pose alors toutes les questions qui tournent dans sa tête depuis si longtemps. Depuis qu'il a promis à Chédou de retrouver Osis et To :

– Est-ce qu'il y a le fleuve comme ici ? Est-ce que To peut pêcher ? C'est quoi, un esclave ?

– Doucement, doucement ! s'exclame Mose. Pas tout en même temps !

Mose et Tamit bavardent ainsi la nuit entière… De temps en temps, Tamit attrape l'ibis. De son long bec, l'oiseau lui chatouille le cou, et le rire de l'enfant résonne dans la nuit fraîche. Le Nil envoie ses odeurs d'algues. Et le vieux sage ressent une grande paix lorsque la petite tête brune finit par s'endormir sur ses genoux.

Un jour, Tamit a huit ans. Pour fêter son anniversaire, Mose et lui sont allés pêcher dans le

grand fleuve bleu. Il fait bon, les eaux se retirent peu à peu de la terre. Mose, assis sur une pierre, raconte des histoires. Il ne quitte pas des yeux son ibis, qui voltige autour de Tamit. L'enfant lance le filet. Ses cris de joie courent dans la campagne quand des petits poissons multicolores se glissent entre ses jambes. À midi, Mose et Tamit déjeunent gaiement en grillant les poissons et en buvant de la bière, la boisson favorite des habitants du Nil. C'est un vrai repas de fête.

Quand ils ont terminé, ils remercient les dieux. Subitement, Mose fixe l'horizon et, d'un ton ferme, il déclare :

– Tamit, tu dois partir maintenant. Il est l'heure d'aller rechercher ta mère et To. Une petite felouque t'attend sur la rive du soleil couchant : prends-la et pars à Pi-Ramsès. Il te suffira de descendre le Nil vers la mer. Lorsque tu verras des gardes aux visages clairs, de plus en plus nombreux, et des foules d'hommes au travail, sur l'eau comme sur la terre, tu seras arrivé dans la ville de Pharaon.

Mose a parlé vite, sans reprendre son souffle, sans quitter des yeux l'horizon. Tamit se dit d'abord qu'il a dû mal comprendre, que Mose a bu trop de bière. Mais le regard de Mose est sûr. C'est un regard devant lequel il n'y a pas à discuter. Tamit prend peur, ses idées s'embrouillent : dans le Nil, il y a des crocodiles, des vrais, et Pi-Ramsès est très loin. Peut-être aussi qu'Osis et To attendent ? Dans ce cas, Mose a raison, il faut se dépêcher. Tamit a froid. Il ne sait plus quoi penser. Il ne sait pas quoi dire. Alors, Mose reprend :

– J'ai fabriqué pour toi cet outil, prends-le. Un jour, il te sera utile.

Tamit saisit l'objet. On dirait un petit serpent pointu. L'enfant n'a même pas le temps de réagir que Mose poursuit :

– Je te confie aussi Ibis, mon oiseau. Je te l'ai déjà dit : c'est l'oiseau de la sagesse. Suis-le toujours, il te guidera. À présent, vite, prépare-toi !

Tamit attrape l'oiseau qui volette sur l'épaule du scribe. Il sait que Mose vient de lui faire un grand cadeau, le plus beau des cadeaux. Alors, oubliant sa peur, il prépare sans tarder quelques oignons et une petite fiole de bière. Puis il salue le vieux sage en murmurant :

– Merci, merci !

Comme il aime l'odeur de Mose, mélange de terre et d'eau. Une odeur si réconfortante.

CHAPITRE 4

L'hippopotame noir

Tamit court vers le fleuve. Ses eaux sont calmes et dorées par le soleil couchant. Une petite felouque flotte entre les roseaux. Tamit s'y embarque avec l'oiseau, le cœur gros de quitter Mose et le pays de ses parents. Mais Ibis se perche aussitôt à l'avant, le bec fièrement levé vers l'horizon, comme s'il connaissait la direction. Alors l'enfant accroche l'outil de Mose à sa ceinture, hisse la voile et tient ferme la rame qui lui sert de gouvernail.

Bientôt la felouque file sur le Nil, tranquillement portée par la brise du désert. La nuit vient vite. En voyant la lune se lever, si large, si ronde, Tamit prend de nouveau peur. Il ne l'avait jamais trouvée si grosse avant. Et tous ces bruits bizarres : les crapauds qui coassent, les saules qui frissonnent, l'eau qui clapote… Tamit essaie de se donner du courage en appelant le dragon cracheur. Mais sa voix se perd dans l'immensité de la nuit. Par prudence, il accroche la felouque à une souche d'arbre. Puis, pour avoir moins peur, il s'installe à l'avant, près d'Ibis, et il s'endort, cachant sa tête entre ses mains en oubliant la lune…

L'aube venue, Ibis chatouille le nez de Tamit d'un coup d'aile. Après quoi, il se met à pousser des cris aigus en tapant de son bec le rebord de la felouque. Il vient d'y déposer quelques grains de raisin pour Tamit. L'enfant finit par se réveiller. Il caresse Ibis et lui dit joyeusement :

– Merci pour le raisin. Tu te rends compte : moi, j'ai vaincu la nuit !

Le fleuve aussi s'éveille. Les canards et les oies s'égosillent. Tamit a bien envie d'aller jouer dans les marécages : ses animaux cruels s'ennuient sûrement de lui. Mais Ibis a déjà repris sa place à l'avant du bateau. Tamit soupire :

– Bon, allez, en route. À bientôt, mes animaux.

Les jours et les nuits se succèdent, et Tamit poursuit courageusement sa descente. Le septième jour, voyant qu'il y a de plus en plus de courant, il attache fermement sa felouque à la rive pour pêcher. Soudain, une violente secousse manque de le faire chavirer, et Tamit tombe au milieu du bateau. Il a à peine le temps de se relever qu'il aperçoit un énorme hippopotame noir, la gueule ouverte, immense. Le souffle de l'animal est si puissant que Tamit se sent aspiré. L'hippopotame va l'avaler. C'est alors qu'un second coup, bien

plus fort que le premier, décroche la felouque. Tamit est emporté. Il hurle :

– Ibis, crocodile dévoreur et tous mes animaux cruels, au secours, au secours !

Mais le bateau se renverse et se fracasse contre un tronc d'arbre. Tamit, affolé, essaie de regagner la rive. Emporté par les eaux, il ne peut reprendre sa respiration, ses cris l'étouffent. Il ne voit plus rien quand, tout à coup, il est violemment projeté sur une bande de terre. À plat ventre, en pleurs, Tamit recrache comme il peut, entre ses sanglots, les litres d'eau qu'il vient d'avaler. Son pagne trempé lui colle à la peau.

Ayant un peu repris sa respiration, il lève la tête : l'hippopotame a disparu, mais l'immense chute d'eau qui a entraîné Tami étincelle et l'aveugle. Au loin, pourtant, il distingue les maisons d'une grande ville. Tamit n'a plus de force pour rien, seulement pour voir Ibis, fidèle à ses côtés, le bec fièrement levé. Le soleil du matin apaise son corps tremblant. L'enfant s'endort assommé, la main posée sur l'outil du vieux Mose.

Durant deux jours et deux nuits, Ibis veille Tamit endormi. Au matin du troisième jour,

Tamit ouvre un œil, et la première chose qu'il aperçoit est un petit tas de graines et de figues déposées par l'oiseau. Il se redresse et se sent solide à nouveau.

– Nous allons continuer à pied, sans jamais quitter le fleuve, dit-il. Ibis, aide-moi à retrouver Maman et To.

Puis il croque son repas et se met en marche.

Plus agile que jamais, Tamit se faufile entre les roseaux et les forêts de papyrus, en prenant bien garde, cette fois, de ne pas croiser un hippopotame qui sortirait de l'eau.

CHAPITRE 5

La ville de Pharaon

– Ibis, j'ai mal aux pieds, j'ai faim ! ronchonne Tamit, fatigué.

C'est qu'il marche depuis des jours et des jours… Et il n'ose plus pêcher par crainte des soldats postés sur les rives du fleuve. Tamit a peur. L'hippopotame n'est pas revenu. Mais il voit de plus en plus de monde et perçoit de plus en plus de bruit. Une poussière grise picote ses yeux. Subitement, juste derrière une dune de sable, Tamit pousse un « oh ! » de surprise.

Devant lui, s'étend le port de Pi-Ramsès. Des centaines d'hommes et de femmes s'activent et crient… Ils remplissent des felouques, en déchargent d'autres… Ils vendent, ils achètent, ils revendent, pressés et agités. Le fleuve s'étend, sale et immobile. Des odeurs d'encens et de poisson tournent dans l'air. Tamit a mal au cœur. Il murmure à Ibis :

– Viens, allons-nous-en vite, je suis perdu ici.

Mais l'oiseau se rebiffe, devient nerveux et, soudain, quitte l'épaule de l'enfant. Tamit n'ose pas le rappeler. Ibis plane un long moment au-dessus d'une maison en briques rouges. Il se poste à l'entrée,

devant une porte bleue. Tamit hésite. Puis, se souvenant du conseil de Mose, il suit l'oiseau.

Lorsqu'il pénètre dans la maison, Tamit est abasourdi :

– Tous ces ibis, quel tapage !

Il y en a partout, au plafond, par terre, sur les murs. Une vraie volière. L'enfant s'avance prudemment : peut-être y a-t-il quelqu'un ? La maison semble habitée avec son puits d'eau fraîche. Mais non, personne ne vit là, hormis les oiseaux. C'est la maison des ibis, une maison ouverte aux voyageurs…

Une immense fatigue gagne Tamit. Au milieu des pépiements et des claquements d'ailes, il appelle son oiseau et lui dit tout bas :

– Ici au moins, les gardes et les soldats ne me trouveront pas. Je vais dormir.

Il verse de l'eau sur ses pieds blessés, s'allonge contre le puits, en s'assurant que son outil est bien accroché à sa ceinture, et s'endort aussitôt.

À ses côtés, Ibis veille.

Dès le lendemain matin, Tamit veut retrouver sa mère. Avec Ibis sur son épaule, il s'élance dans les rues de Pi-Ramsès. Comme hier, il craint la foule et chuchote à l'oiseau :

– Guide-moi vite vers le palais de Pharaon !

À ces mots, Ibis s'envole vers les hauteurs de Pi-Ramsès. Tamit le suit, courant, malgré la chaleur, à travers les ruelles encombrées. Lorsqu'il arrive tout essoufflé, son petit visage se décompose : une grande muraille de pierre, protégée par des centaines de gardes armés, entoure le palais.

– Je n'ai aucune chance d'entrer, soupire-t-il, découragé.

À l'instant même, un garde surgit, le menaçant d'une lance :

– Va-t'en, les enfants pauvres et sales n'ont pas le droit d'approcher.

Allez, allez, va-t'en, que je ne te revoie plus traîner par ici !

Tamit, affolé, se met à détaler. Son cœur cogne si fort qu'il n'entend plus les bruits de la ville, seulement les mots du garde. Ses pieds le brûlent. Il court aussi vite qu'il peut. Ibis le précède en volant, et déjà l'enfant aperçoit le grand fleuve. La maison des ibis n'est pas loin. Arrivé devant, Tamit se jette sur la grande porte bleue.

SCULPTEUR
OYAL PATHOR

CHAPITRE 6

L'atelier de Pathor

Cet après-midi-là, Ibis entraîne à nouveau Tamit dans les rues grouillantes de Pi-Ramsès. L'enfant se plaint :

– Je n'ai aucune chance de les retrouver, aucune.

Mais l'oiseau n'a pas l'air de l'entendre. Dans une ruelle, à l'abri du soleil, il se pose devant une porte en bois sculpté portant l'inscription : ATELIER DU SCULPTEUR ROYAL PATHOR.

– Tu as perdu la tête, Ibis ! s'énerve Tamit en tapant du pied. Je ne peux pas entrer, on va m'arrêter !

À nouveau, l'oiseau n'entend pas et se perche au-dessus de la porte, le bec fièrement levé…

– Bon, d'accord, marmonne Tamit. J'y vais. Mais ne quitte pas mon épaule !

Tous deux pénètrent dans l'atelier, personne ne les remarque. L'endroit, lumineux et calme, sent le sable et la poussière. Tamit se retient de tousser.

Près de l'entrée, une équipe d'hommes installés sur un échafaudage est occupée à polir une immense sculpture. Plus loin, le jeune maître Pathor explique à des élèves comment tailler le marbre.

Tamit se promène discrètement. Soudain, il réprime un cri de stupeur et s'arrête, ébloui, devant une statue. Elle représente une mère nourrissant son enfant. Tamit a le souffle coupé. Il ne bouge plus et reste là, immobile, à contempler cette statue, au beau milieu de l'atelier, comme s'il était tout seul. Il n'entend même pas Ibis voleter au-dessus de sa tête. Il n'a pas vu Pathor s'approcher de lui.

Au bout d'un moment, il murmure :
– On dirait que c'est vrai !

Et juste derrière lui, il entend une voix joyeuse et douce qui lui répond :

– Mais c'est vrai, mon enfant. Voici Mérit, la femme du grand docteur. Elle est morte il y a déjà un mois. Grâce à cette sculpture qui la représente parfaitement, Mérit sera toujours vivante… Le grand prêtre a accompli les gestes nécessaires. Il lui a frôlé les yeux et la bouche, on dit qu'il les a ouverts. Ainsi nous croyons que, comme au temps de sa vie sur terre, Mérit voit et se nourrit !

Tamit se retourne : Pathor est là, souriant.

L'enfant regarde tour à tour la statue, Ibis puis Pathor. Alors il se dit : « C'est ce que je dois faire pour libérer Maman. Il faut que je la représente, que je la rende vivante par mes mains. » Et il bafouille :

– Je… Je dois faire une statue, c'est… c'est pour sauver quelqu'un.

Le maître sculpteur, surpris, plonge ses yeux dans ceux de l'enfant. Puis il réfléchit en croisant ses longues mains. Tamit ne lâche pas son regard. Pathor ne peut s'empêcher de sourire devant ces yeux noirs malicieux, tout tendus vers les siens. Il se souvient du jour de son enfance, quand, à peine plus âgé que Tamit, il est resté debout devant son père, les yeux dans les yeux, jusqu'à ce qu'il lui réponde oui. Il voulait devenir

sculpteur, son père souhaitait qu'il soit médecin ! Et voilà qu'aujourd'hui, un enfant vient le voir avec ce même regard déterminé. Alors Pathor, cachant son émotion, déclare d'une voix forte :

– Là-bas, il y a un gros bloc de pierre oublié. Tu peux travailler dessus le temps que tu voudras. Mais n'oublie pas, mon enfant : pour donner la vie, il faut donner le meilleur de soi-même !

Tamit entend à peine le conseil. Il est déjà devant la pierre blanche, et plus rien d'autre ne compte. Il la contemple longuement, cherchant dans sa mémoire le visage d'Osis et son corps si agile. Il revoit ses mains sur la harpe, le soir à la veillée. Il retrouve son sourire, une caresse… C'en est trop, de grosses larmes coulent lentement sur les joues du garçon.

Au loin, Pathor a repris son travail. Tamit se sent très seul. Il serre Ibis tout contre son épaule. En réponse, l'oiseau lui grattouille la joue. Il n'en faut pas plus à Tamit pour ravaler

son chagrin. Il saisit l'outil de Mose puis, avec la même énergie que les autres sculpteurs, il se met à attaquer la pierre, rapidement, à petits coups fermes et précis.

À présent, Tamit travaille jour et nuit. Se reposant à peine, grignotant seulement les quelques graines que lui apporte Ibis. L'outil de Mose lui sert à tout : à tailler, gratter, ciseler, polir. C'est un outil unique. C'est un outil magique. Pathor, du coin de l'œil, guette le petit sculpteur. Il le laisse libre, veillant seulement à ce qu'il ne s'épuise pas.

Tamit avance vite. De temps en temps, on l'entend réclamer :

– Ibis, cogne par ici avec ton bec pointu : ce sera plus fin, plus joli !

Et dans l'atelier du sculpteur royal Pathor, beaucoup commencent à se demander qui est ce petit garçon qui travaille la pierre sans jamais lever le nez, avec, sur son épaule, un drôle d'oiseau perché…

CHAPITRE 7

La commande de Pharaon

En se réveillant ce matin-là, Tamit aperçoit sa mère. Son visage rayonne dans le soleil. Elle est plus belle que jamais. Le cœur de l'enfant s'emballe. Il appelle :

– Maman !

Mais elle ne répond pas. Tamit se frotte les yeux, secoue la tête et se souvient : ce n'est que la statue. Comme toutes les autres nuits, il s'est endormi à ses pieds.

Encore tout ému d'avoir cru voir sa mère, Tamit chuchote à Ibis :

– Cette fois, je crois que ça y est ! Je crois que ça y est !

Et il inscrit le nom d'Osis sur le socle. Puis, pour la première fois, oubliant le calme de l'atelier, il court vers le maître sculpteur en criant :

– Maître Pathor, j'ai terminé !

Depuis longtemps déjà, Pathor et ses élèves admirent en cachette la sculpture de Tamit. Pourtant, une fois encore, en s'approchant d'elle, le sculpteur ne peut s'empêcher de souffler :

– Cette statue est extraordinaire, extraordinaire !

Puis, se reprenant, il ajoute :

– Je veux que Pharaon la voie. Ouser le grand prêtre va tout de suite lui ouvrir la bouche et…

Mais Pathor s'arrête brusquement et demande :

– Au fait, Tamit, qui est cette belle Osis ?

Tamit regarde ses pieds, tord son pagne, fait la grimace et marmonne :

– Ça, c'est mon secret !

Pathor voit bien qu'il ne doit pas insister et, sans perdre un instant, il fait transporter la statue dans l'atelier sacré.

Là, Ouser commence à réciter des prières compliquées. Tamit s'ennuie. Ibis aussi. Tous les deux regardent par la fenêtre. Le fleuve s'étire au loin comme un grand serpent gris. Cela fait des semaines que Tamit ne l'a pas respiré. Il murmure à Ibis :

– Après, on va se baigner !

Soudain, Ouser se tait. Tamit, surpris, tourne la tête. Le grand prêtre s'approche de la statue.

Il lui effleure les oreilles. Très respectueusement. Puis, il touche son nez, ses yeux et enfin sa bouche.

– C'est magique, murmure Tamit. Regarde, Ibis, on dirait que la statue peut entendre et respirer et voir et même parler !

Tamit n'en revient pas. Comme Osis lui manque à présent…

Deux jours plus tard, l'atelier de Pathor est transformé en un véritable chantier : on trie, on range, on nettoie. C'est que Pharaon doit arriver d'une minute à l'autre, accompagné de son vizir. Une telle visite est tout à fait exceptionnelle. Pathor lui a tellement parlé de la statue d'Osis que Pharaon, en personne, a tenu à se déplacer. Le maître sculpteur est très nerveux, il tourne autour de la statue en répétant :

– Elle est extraordinaire, extraordinaire !

Tamit, assis dans un coin, tortille encore son pagne.

Comment faire maintenant pour retrouver Maman ? se demande-t-il. Tout a été si vite. Comment osera-t-il parler à Pharaon ? Ah ! Comme il aimerait être loin d'ici, dans ses chers marécages de Nubie !

Soudain, deux grands coups résonnent contre la porte. Un haut dignitaire se présente et annonce :

– Sa Majesté, le dieu-roi Pharaon !

Pathor se précipite, il s'incline respectueusement devant le pharaon et le vizir, et tous les artisans font de même. Tous, sauf Tamit recroquevillé dans son coin.

Ramsès II porte sa couronne d'or, la crosse et le fouet. Debout, les bras croisés, le regard majestueux, il est impressionnant. Tamit, toujours dans son coin, murmure à Ibis :

– Quel dieu ! Si Mose voyait ça !

Sans tarder, Pathor guide les visiteurs vers la statue d'Osis. Pharaon la contemple un long moment. Un incroyable silence envahit l'atelier. Enfin Pharaon se tourne vers Pathor et demande :

– Où est l'enfant dont tu m'as parlé ?

Tamit s'avance, tête baissée, avec Ibis sur l'épaule. De sa main droite, il serre l'outil de Mose. Son cœur est si agité que Tamit a envie de hurler pour ne plus l'entendre cogner. Mais, juste à ce moment-là, le grand vizir s'exclame :

– Mais oui, c'est elle, je la reconnais. Depuis tout à l'heure je cherchais. Par Amon-Rê, c'est incroyable ! Pharaon, c'est la représentation de cette femme de Nubie qui, chaque jour, confectionne pour toi les galettes de miel que tu apprécies tant. Elle vit au jardin des esclaves avec son fils. Comment, comment a-t-elle pu en sortir ?

Et secouant Tamit par le bras, le vizir s'écrie :
– Dis-nous, toi, dis-nous : comment est-elle sortie pour poser devant toi ?

L'enfant commence à bafouiller :
– C'est, c'est ma mère !
Mais il répond si bas que personne ne le comprend.
– Allons, parle plus fort, mon enfant, reprend doucement Pathor. Dis-nous où tu as vu cette belle Osis.
Tamit reprend son souffle et, se souvenant de la promesse faite à Chédou, il lève les yeux vers Pharaon, lui jette son regard noir, plus brillant que jamais, et se met à crier :
– C'est ma mère, je veux la retrouver. C'est ma mère que vous avez volée. C'est ma mère, rendez-la-moi !
Aussitôt, se sentant perdu, Tamit éclate en sanglots. Le vizir veut intervenir, mais Pharaon lui fait signe de ne pas bouger.

Ramsès II se dirige vers la sortie à pas lents, la tête haute, les bras croisés, imperturbable. Puis, passant la porte, il se retourne, lève sa crosse et, s'adressant à Tamit, il déclare :

– Écoute-moi bien, enfant. Je ne connais pas ta mère, et pourtant, grâce à cette statue, elle a pris vie sous mes yeux. Je ferai transporter cette statue en Nubie, dans mon temple d'Abou Simbel, afin qu'à ma mort, cette femme me nourrisse à jamais de ses galettes de miel. En échange, ta mère et ton petit frère seront libres demain.

Puis, ramenant sa crosse contre sa poitrine, Pharaon sort.

De nouveau un silence pesant envahit l'atelier. Soudain, n'y tenant plus, tous les artisans se mettent à clamer d'une seule voix :

– Vive Tamit ! Vive le petit sculpteur !

Et Pathor se met à danser :

– Quel honneur, quel honneur ! Buvons, mes amis. Buvons et dansons toute la nuit à la santé de Pharaon, d'Osis et de Tamit !

Et pour la première fois, Tamit, qui va avoir neuf ans, retrouve les joies de la fête comme au temps du bonheur…

Le lendemain, Tamit attend Osis et To devant la maison des ibis. Les mains sagement posées sur son pagne, il se tient debout contre la porte bleue. Mais ses petits pieds trépignent d'impatience. Tamit trouve le temps long. L'eau du fleuve clapote doucement, elle n'a pas l'air plus pressée que le temps.

L'air léger promène l'odeur des moissons… Tout va si lentement.

– On va faire un jeu, propose Tamit. Ibis, mets-toi à ma hauteur exactement. Le premier de nous deux qui voit Maman et To a gagné.

Ibis se perche aussitôt sur l'épaule de l'enfant en levant fièrement son bec vers l'horizon. Tamit le regarde. Subitement, l'oiseau s'envole. Tamit ne comprend pas, il suit des yeux l'oiseau puis regarde l'horizon.

Au loin, il aperçoit sa mère, et To qui court devant elle. Tamit s'élance, le cœur battant. Ibis a gagné. Il vole déjà vers le pays de Mose.

300, rue Léon-Joulin, 31101 Toulouse Cedex 9 – France
www.editionsmilan.com
Loi 49.956 du 16.07.1949
sur les publications destinées à la jeunesse.
Dépôt légal : 1er trimestre 2010
ISBN : 978-2-7459-4259-3
Maquette : Bruno Douin (couverture)
et Graphicat (intérieur)
Imprimé en France par Pollina, 85400 Luçon – N° L52481A